Förlag & Tryck: BoD

ISBN: 978-91-7463-256-9

Foto: Niklas Johansson /
www.photosbyniklas.com

I krigets styrelserum dansar djävulen

Du moln ta mig med

Förklaringar tenderar ofta bli bortförklaringar

Obama kul med oväntat besök

Säljer ord för liten slant

Utvandrad söker hjälp som invandrad

Falskheten är förtalets bästa vän

Bättre fäkta än illa fly

Kriget startar där reptilhjärnan styr

Underblåsaren farligaste personen i organisationen

Tällbergs midsommaräng en sakral upplevelse

Girigheten samlar till slutlig vila

Vitrandig zebra svartrandig zebra knepigt

Liten hand skänker också värme

Ödetomten bjuder nejden på ogräs

Gör dig av med energitjuven

Allt kan sägas med diplomati

Vem bor grannen granne med

**Glöm aldrig förintelsens overkliga
verklighet**

Tänder på dig skönt skönt

Varför kroknade den spiken alltså

Sociala medier föräldrarna skapade dessa

Skitviktig översittare vill trycka ned

Grönt blad snart gul-brunt löv

Tänk ditt barn i Treblinka

Fjärilsälskare varför nålar ni fjärilar

Vem tände solen utan tändvätska

Storfinansen blåser den lilla aktieägaren

Karriärist med list dödligt gift

Linslus kryper in i kamerahus

Vem äger alla ord egentligen

Tungan vaktar på hjärnans utfall

Hyttans vanna blöder systrar bröder

Gubben gungar tankar till sömns

Stark kvinna utan röda strumpor

Vass penna ofta bra försvar

Vem målade himlen så blå

Älskat barn skänker mycket kärlek

Skriver inte för de aderton

Spara gnället tills behovet uppstår

Vänd inte andra kinden till

Skir grönska är oftast ljus

Solen besöker även ensamt strå

Krökt rygg svår att räta

Roten ur elakhet är girighet

Gör besök i positiva rummet

Hela långa sommaren doftade grönt

Älska barnet skydda barnet ömt

Humanity needs to slow down

Strebern hatar "viet" älskar jaget

Tänk Putin har varit barn

Missköt jobbet få fyrtio miljoner

Ungdomar ni är livets framtid

Ödmjukhet vinner alltid över taggtråd

Jag äger mitt liv fortfarande

Fjället bjuder oss sin skrud

Boken full av tusentals tankar

Kommunicera inte enbart via tumtryck

Mor ror far är rar

**Demokratins hörnpelare är humanism
folkrätt**

Fifflarnas marknad betalas av andra

Söt druva fylld med kärnor

Fin TV men innehåll saknas

Älskade sommar möt mig igen

Den girige säljer sig själv

Bit handen som slår dig

Optimist vinner alltid i längden

Tunga skyar lättar nog snart

Gick en rond mot elakheten

Ungdomar framtiden längtar efter er

Mångfald ja trångsynt främlingsfientlighet nej

Jag fattar egna avgörande beslut

Försök fånga morgondagen redan idag

Scoopjakten betydligt viktigare än etiken

Lugnt hav lockar mången båt

Tyngdlös regnbåge solar sig ofta

Gult eller grönt betraktaren avgör

Jag tackar sommaren för besöket

Svart gul vit lika skit

Var rädd om din åsikt

Het nyhet idag iskall imorgon

Reklam reklam reklam oftast likadan

Föräldrars förbannade plikt älska barnet

Jag tror på det goda

Elakheten har också varit barn

Allt som hänt händer igen

Missad spik ger öm tumme

Upplevelsefaktorn är din du äger

Humanitet går inte att prissätta

Vindpinat strå kröker inte rygg

Gifter gifter ändå stiger genomsnittsåldern

Blomma röd blomma gul återvänd

**Idiotförklara mänskligheten höj
bensinpriset sommartid**

Vattenfalls fall lugnt staten äger

Alla har plats att fylla

Tänk tanken kronor på banken

Minns första midsommaren som femtonåring

Har retorikern makten inte alltid

Älskat barn räds inte utmaning

Puss och kram på dig

Uppföljaren till min bok: Svek, lust och längtan släpps första kvartalet 2014

Var rädd om dig!